p. Matteo
Rubén
Silvia
Marco

La isla de Yerba

A los habitantes
de la isla

La isla de Yerba

Guía histórica y turística

Houmt Souk, 2023

Matteo Lando
Silvia Costa
Marco Gambarino
& amigos de Yerba

La isla de Yerba
Guía histórica y turística
Houmt Souk, Yerba
Túnez, 2023

Traducción al español de Rubén Cabrera Rosique

Puesta del sol en Sidi Jmour

Índice de los argumentos

Introducción

¿Por qué esta guía?

Visitar la isla de Yerba es una experiencia especial: esto lo sabemos por los relatos de los antiguos viajeros y sigue siendo cierto para los modernos. Por desgracia, la amabilidad de sus habitantes y la riqueza de su patrimonio no suelen ser percibidas por quienes llegan a la isla para pasar unas vacaciones rápidas en un centro turístico.

Dado que no es fácil encontrar información actualizada y detallada sobre los yacimientos y descubrimientos arqueológicos más importantes, nos ha parecido útil recopilar algunas indicaciones que puedan ambientar al viajero que vaya a Yerba.

Esperemos que el resultado sea considerable.

Qué podemos encontrar

Al leer esta guía, nos encontramos con una breve introducción y dos partes que ofrecen dos perspectivas diferentes. La primera parte es una mirada histórica a la isla, enmarcando las localidades importantes. La segunda parte trata de las localidades observadas partiendo de la capital de Yerba y continuando hacia el sur.

Dos apéndices tratan de localidades continentales cercanas a la isla y relacionadas con ella de alguna manera: Zarzis y Gigthi.

En los recuadros se pueden encontrar direcciones de lugares significativos que ayudan a entender la cultura de Yerba.

Algunas sugerencias

Para la visita

El clima en Yerba es generalmente cálido, pero húmedo. En cualquier caso, es necesario llevar una gorra para las visitas al aire libre y una reserva de agua o bebidas remineralizantes.

Dada la presencia de insectos y animales a veces peligrosos (por ejemplo, escorpiones), hay que tener cuidado con el calzado que se lleva al visitar los yacimientos arqueológicos.

La costumbre de dejar propinas a cambio de un buen recibimiento, en los lugares a los que uno va, es siempre bienvenida.

Para la lectura

Quienes deseen conocer más detalles sobre la isla de Yerba y su historia, lugares y habitantes pueden consultar las siguientes publicaciones.

✔ Delmas Y, "L'île de Djerba" in *Cahiers d'outre-mer. N° 18*, Avril-juin 1952, pp. 149-168.
✔ Le voci *Djerba, Bourgou, Gigthis* in AAVV, *Encyclopédie berbère*, Peeters 1991-1998.

✔ AAVV, *An Island Through Time: Jerba Studies*, Portsmouth 2009.

✔ Agus A, Zucca R, "Meninx-Girba nelle fonti letterarie ed epigrafiche" in *L'Africa romana: atti del 14. Convegno di studio*, Roma 2002.

✔ Krings V. (ed.), *La civilisation phenicienne et punique : manuel de recherche*, Leiden 1995.

✔ Las publicaciones de la Ludwig-Maximilians University, Monaco di Baviera; de la Facultad de Arqueología, Universitet Leiden; del Institut National du Patrimoine, Houmt Souk.

Como leer los nombres

La transcripción de los nombres se hace según las normas de la lengua francesa, que sigue siendo la lengua secundaria en Túnez, después del árabe y el bereber (*tamazight*).

Algunas equivalencias

Francés	Español	Inglés
j/dj	y dulce	j
ch	/ s/	sh
gu	g	g
gh	"r francesa"	-
dh	d fuerte	th (**th**is)
ou	u	oo

La única excepción en esta guía española es el nombre de la isla, que siempre se menciona en la forma conocida en lengua española: **Yerba**.

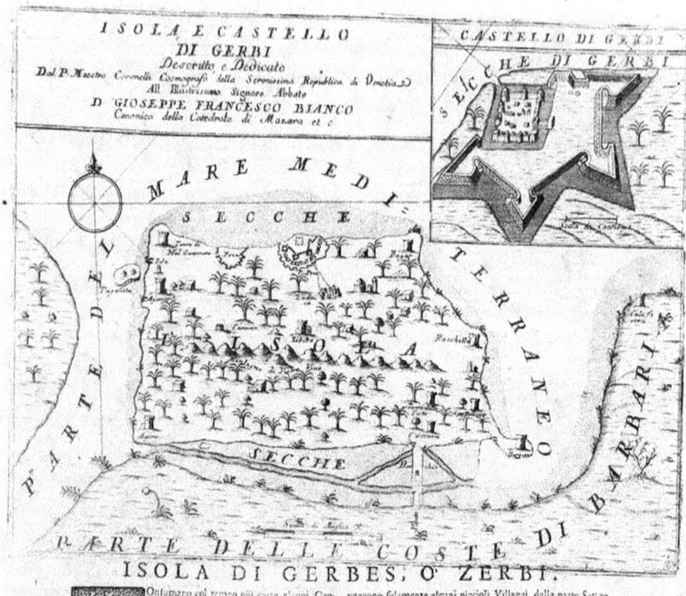

ISOLA DI GERBES, O' ZERBI.

Onsumano col tempo più carte alcuni Geografi nell' investigare, se l' Isola di Gerbi sia il Girba, l' Egimuro, il Zeta, il Glaucon, ò la Meninge degli Antichi; e doppo varij discorsi, ci lasciano per lo più nella verità à digiuna. Tolomeo la collocò ne i gradi 39, e minuti 30 di longitudine, e ne' gradi 31, e minuti 20 di latitudine sotto nome di Lotofagite. Gli Arabi, che la riconoscevano col nome di Gezira, le danno al presente quello d' Algelbon, e gli Spagnuoli l' altro di Golco. Nelle nostre Tavole con osservatione più moderna la collochiamo quasi in uguale distanza trà la Città di Tripoli all' Oriente, e Tunisi all' Occidente, all' Imboccatura del Golfo di Capes, 300 passi discosta dalle picciole Sirti, e tanto vicina alla Terraferma, ch' altre volte un Ponte l' univa col Continente. Linosa, Lamperusa, Ballo, Chirieri, e Camalara la circondano à guisa di Corona. Il suo giro comprende diciotto miglia, per lo più sterile à causa del suo terreno sabbionoso, arsiccio, e magro. Tolomeo, e Plinio vi riconobbero due Città, l' una denominata Menix, ò Menige, posta in faccia al Continente dell' Africa; e l' altra fù quella di Gezira, oltre molte Fortezze costruttevi da i Romani, vedendosi tuttavia le vestigia delle mentovate Fabbriche. Scrivono alcuni, che vi fosse ancora un' altra Città nominata Sibè, la quale fosse poi stata demolita nel 1159 da un Rè di Sicilia, doppo di havere soggiogato l' Isola al di lui Impero. Al presente vi si veggono solamente alcuni piccioli Villaggi dalla parte Settentrionale; cioè, Ladsique, Zihidi, Cantuse, Agimar, Borgi, Rochete, ò Cantare, tutti fiancheggiati da una medesima Fortezza colla Guarnigione Turchesca. Ella è penuriante di Grano, producendo solamente qualche poco d' Orzo, maggiore però è la di lei fecondità ne' frutti, e principalmente ne i Fichi, Ulive, Dattili, ed Uva, che gl' Isolani sogliono trasportare in Alessandria, ed altrove pel mantenimento del commercio, e sostentamento degli Habitanti. Tanto in quest' Isola, come nelle vicine costiere nasce un' Albero, che germoglia frutti della grossezza d' una Fava, e gialli come il Zaffarano, i quali, essendo maturi, sono di sapore così graditi, che i Greci dicono, che quelli, che l' hanno gustato una volta, si scordano della loro Patria. Finsero i Poeti, che Ulisse, co' suoi Compagni agitati dalle procellose tempeste di Mare, fossero gittati in quest' Isola, ed havendo mangiato di questo frutto, persero il desiderio di ritornare nella Grecia: tanto scrisse Homero nel lib. 9. Odyss. e finse Ovid nel lib. 10 delle Metam. Quindi è, che quest' Isola fu denominata dagli Antichi Lotophagiti, ed i suoi Habitanti Lotophagi, cioè Popoli dell' oblivione. Gli Arabi chiamano simile frutto Sadar, e gl' Italiani Bagolaro. L' anno 1284. Roggiero di Lorie Ammiraglio del Rè d' Arragona la conquistò, e i suoi Discendenti ne sono stati per molti anni Padroni: anzi per meglio assicurare la libertà degli Habitanti, stimò bene di fortificare l' Isola cell' erettione d' una Fortezza nel mez-

Isolario del p. Coronelli de Venecia

Una isla en el Mediterráneo

La ubicación de Yerba

Al sur de Italia, la costa africana presenta una hendidura con dos golfos en sus extremos. Los antiguos las llamaban Sirte Mayor (la oriental) y Sirte Menor (la occidental). Mientras que la Gran Sirte pertenece hoy a Libia, la más pequeña es tunecina y se llama Golfo de Gabés.

Mirando desde un avión, apenas se puede distinguir una peculiar protuberancia en el fondo del golfo: una isla que sobresale del continente, a muy poca distancia de la costa continental. De forma casi rectangular, está rodeada por un canal marítimo poco profundo y parece que todavía forma parte de la llanura tunecina.

El nombre de esta isla se escribe hoy Djerba, Gerba, Jerba o incluso Jarbah.

Se puede llegar fácilmente en vuelo comercial, aunque muchos llegan en ferri, que lo conecta al noroeste con la costa continental y, otros, a través de una carretera asfaltada construida sobre la antigua calzada romana que conectaba el extremo sureste con el continente.

El territorio de la isla es prácticamente llano, ya que el punto más alto se eleva poco más de 50 metros sobre el nivel del mar. El mar que lo rodea es poco profundo y arenoso, lo que ha impedido que los barcos desembarquen en la isla desde la antigüedad.

La distribución de las localidades

Hay poco más de una docena de localidades en la isla y sólo dos de ellas tienen un tamaño notable: Houmt Souk, que es también la capital, y Ayim, que es el puerto de conexión con el continente.

Destacan los dos pueblos de Er-Riadh, en el centro de la isla y Guellala, en el sur, que reúnen a las comunidades locales israelí y bereber, respectivamente. A ellos se suman Sedouikech, otro enclave bereber, y Midoun, habitado cerca de la costa nororiental y, por tanto, de las instalaciones turísticas de la isla.

En el extremo noroeste, en la localidad de Melita, se encuentra el aeropuerto internacional de Djerba-Zarzis, que lleva el nombre de una pequeña ciudad del continente y está conectado a la isla por un puente romano.

Productos

La condición de isla hace que una de las principales actividades de los habitantes sea la pesca, que conserva métodos tradicionales eficazmente ilustrados en los museos dedicados a la historia de Yerba (a los que se dedicará un espacio más adelante).

En el centro de la isla, el subsuelo ofrece una reserva de agua dulce, que, desde la antigüedad, se extrae mediante pozos. El agua se utiliza para regar las plantaciones de árboles frutales, que siempre han caracterizado Yerba.

Viajando de norte a sur en el interior de la isla, se pueden ver hileras de olivos y palmeras. El aceite producido en Yerba se exportaba, mientras que la madera de palma se utilizaba para fabricar herramientas de pesca, vigas domésticas y muebles.

La artesanía, ahora en considerable declive, producía tejidos de lana (ropa, alfombras, etc.), jarrones y otros utensilios de terracota.

Flores en el Parque *Djerba Explore*

Yerba en la historia

Una isla, muchos nombres

Retrocediendo en el tiempo, descubrimos que la isla de Yerba ha cambiado de nombre quizá más de una vez, pero siempre ha conservado una increíble fascinación para sus visitantes, tanto si sólo se hospedaban en ella como si intentaban apoderarse de ella.

La primera vez que oímos hablar de esta isla, según el erudito griego Eratóstenes, es en la Odisea.

De hecho, Homero narra que Ulises, de regreso a casa, es arrastrado por los vientos al otro lado del Mediterráneo y abandonado en una tierra habitada por comedores de lotos. La tierra de los Lotófagos pone en peligro el viaje del aventurero porque sus frutos les hacen olvidar, con su dulzura, su propia tierra.

Así dice el Canto IX de la **Odisea:**

«El décimo día desembarcamos en la tierra de los *lotófagos*, los cuales se alimentan de un alimento florido. Bajamos a tierra y sacamos agua, mis compañeros comieron inmediatamente junto a los barcos. Pero en cuanto nos saciamos de comida y bebida, envié a algunos compañeros por delante para averiguar quiénes eran los hombres que comían el pan en aquella tierra. Elegí dos hombres, a los que añadí un tercero como mensajero. En seguida se pusieron en marcha y se unieron a los Lotófagos. Estos, de hecho, no conspiraron para matar a mis compañeros, sino que los alimentaron con lotos. Y los que probaron el fruto del loto, dulce como la miel, no querían volver a dar noticias, ni quisieron marcharse. Querían más bien quedarse con el Loto que comiendo loto, olvidando su camino a casa. Los arrastré por la fuerza a los barcos, mientras lloraban, y los mantuve atados en el vientre de los barcos».

Se puede encontrar otra información en los escritos de los geógrafos antiguos. En el relato de viaje conocido como **Periplos de Escila**, un escrito menor recogido entre los textos de geografía griegos, se da un segundo nombre a la isla y se describe así la tierra del pueblo de los lotófagos:

«LOTOFAGOS... por aquellas partes (costa libia) hay una isla, llamada *Brachion* (es decir: aguas poco profundas), además de *Lotófagos*, cerca de Tarichee. Esta isla mide 300 estadios* y es un poco menos ancha. Dista unos 3 estadios de la costa continental. En la isla crece un loto del que se alimentan y otro con el que hacen vino. El fruto del loto tiene el tamaño de un madroño (de unos dos centímetros). También producen mucho aceite de aceitunas   silvestres.

La isla es muy productiva y en ella crecen el trigo y la cebada. Su tierra es fértil.

Desde Tarichee hasta la isla, la navegación dura un día».

La isla vuelve a cambiar de nombre en los escritos de **Plinio el Viejo**, que murió en la erupción del Vesubio. En su **Historia Natural** (*Libro V*) relata estas noticias:

«Estos mares tampoco contienen muchas islas. La más famosa es *Meninge*, de una longitud de veinticinco mil pasos y una anchura de veintidós mil, conocida por Eratóstenes como *Lotofagítide*; tiene dos poblaciones, Meninge por el lado de África y por el otro Phoar; la propia isla está situada a mil quinientos pasos del cabo derecho de la Sirte Menor. A cien mil pasos de ella frente al izquierdo está Cercina, con una ciudad de *estatuto* libre del mismo nombre».

Así, el **Stadiasmus** o Periplus del Gran Mar, otro escrito de un geógrafo griego desconocido, nos proporciona algunos detalles más sobre nuestra isla:

«103. Desde Gergis (Zarzis) a *Meninx* hay 150 estadios*. En la isla hay una ciudad. Y la isla está a ocho estadios del continente. Tiene muchas ciudades, pero una metrópoli (es decir, Meninx). Esta es, pues, la isla de los *Lotófagos*. En ella hay un altar dedicado a Hércules, llamado (altar) maximus. Hay un puerto, dotado de agua (potable). Los estadios entre Leptis [Magna] y *Meninx* suman 2300.

104. Desde *Meninx* hasta tierra firme [en dirección a Gigthi] hay 200 estadios. La ciudad tiene un buen puerto y agua (potable)».

El último de los nombres, el actual, se encuentra en tiempos más recientes. Como ejemplo podemos ver el **Chronicon Paschale**, una historia del mundo desde Adán hasta principios del siglo VII de nuestra era:

«También tienen cinco islas, que disponen de ciudades. Estas son: 1 - Cerdeña; 2 - Córcega; 3 - Gerba, que ahora se llama Meninx; 4 - Cercina; 5 - Galata».

> ** Nota sobre las medidas*
>
> El **estadio** mide aproximadamente 180 metros (o 210 en Egipto).
> La **milla** mide 1.480 metros.
> El **paso** mide aproximadamente 1,5 metros.

Por tanto, la isla que ahora se llama Yerba ha tenido varios nombres a lo largo del tiempo. Las más antiguas se refieren a las características de la propia isla: el fondo marino arenoso y poco profundo (*Brachìon*) que siempre la ha rodeado y protegido de las naves, y el loto (*Lotófagos*), o la exquisita fruta que caracterizaba su territorio. Los nombres más recientes parecen apuntar más bien a las ciudades más importantes para la isla: la ciudad púnica de *Meninx* y la ciudad tardorromana de *Girba*. Ni siquiera la pronunciación se ha salvado: en los mapas italianos más antiguos su nombre es *Zerbi*, en los documentos españoles es *Galves*.

Habiendo desaparecido también bajo las estructuras de la actual capital, el nombre de *Yerba* ha permanecido para testimoniar algo de la larga historia de esta hermosa tierra.

Ánforas típicas de Yerba

A través de los tiempos...

Ulises

La isla de Lotófagos es el escenario de una de las aventuras de Ulises. Según la Odisea, el héroe griego llegó allí a causa de una tormenta, tras la guerra de Troya. Esto sería alrededor del siglo XII a.C.

En realidad, la composición de la Odisea está fechada en el siglo VII a.C., por lo que la referencia a la isla debe ser de esa época. Más tarde, la conexión entre Gerba y los lotófagos sería afirmada por **Eratóstenes**, un científico griego que vivió en el siglo III a.C.

La Odisea no describe ni la isla ni sus habitantes, pero sí habla del **loto**, un fruto tan dulce y agradable que hace olvidar el camino de vuelta a casa.

Asi nos cuenta **V. Guérin**, en su obra *Voyage Archéologique* (1862):

«Este arbusto silvestre es muy común en el norte de África y, sobre todo, a lo largo de la Pequeña Sirte y en la isla de Djerba, es decir, en la región de los antiguos lotófagos de los que se habla en la poesía y que se recuerdan en la historia. Es muy similar al azufaifo cultivado, pero se diferencia de él por la forma de su fruto, que es esférico y más pequeño que el azufaifo. Florece en mayo y las bayas que produce maduran durante agosto y septiembre. Su sabor es agradable y los árabes son aficionados a ellas, como lo eran los Lotófagos».

Las Colonias púnicas

En la época púnica (a partir del siglo IV a.C.), la isla acogió una serie de asentamientos, cuyos restos están dispersos por todo su territorio.

De la civilización púnica tenemos noticias principalmente por los escritos de griegos y romanos. La arqueología nos ha proporcionado información sobre los lugares de culto y de sepultura.

Son típicos del mundo púnico los enterramientos en cámaras subterráneas (hipogeos), con una entrada de pasillo o de pozo.

El llamado "signo de Tanit", símbolo de Cartago, era frecuente en los monumentos púnicos. La representación de un triángulo coronado por un círculo evocaba, al parecer, a la diosa principal de la ciudad y las comunidades púnicas.

En el mundo fenicio, Tanit era venerada como compañera del dios Ba'al y de su homólogo femenino (probablemente como Sol y Luna).

Los mayores descubrimientos arqueológicos realizados en la isla se encuentran en **Henchir Bourgou**, un mausoleo muy raro, y en **Souk el-**

Guebli, tumbas de pozo. Se puede admirar una estela púnica bien conservada en la colección que se guarda en el fuerte de Houmt Souk.

En la época púnica se fundó probablemente la ciudad de Meninx, en el extremo sureste de la isla. La ciudad se distinguió por su producción de púrpura y, entre los restos de los edificios romanos, aún se pueden encontrar considerables cantidades de conchas de murex, que atestiguan la que fue una floreciente industria. La elaboración y el teñido de la lana han sido durante mucho tiempo las ocupaciones de los habitantes de la isla tunecina.

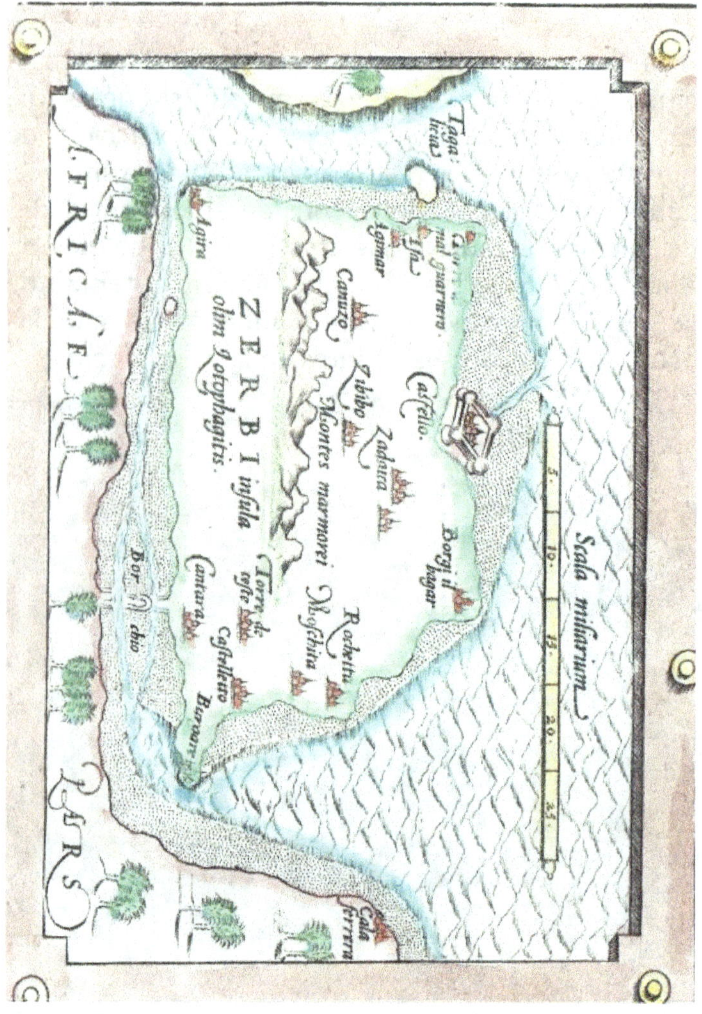

Copia de un mapa del *Theatrum Orbis Terrarum*, XVI sec.

La epoca romana

Bajo Julio César, la isla pasó del Reino de Numidia a la provincia de *África Nova*, y luego a *África Proconsularis*.

Entre los siglos I y III d.C., la ciudad de **Meninx** alcanzó su máximo esplendor. Aprovechando el control de Roma sobre el Mediterráneo, la ciudad se enriqueció y se construyeron impresionantes estructuras: una basílica civil, un teatro, varios templos y diversas instalaciones públicas. El puerto era una de las vías de comunicación, pero sólo era accesible para los pilotos locales porque las aguas poco profundas estaban surcadas por canales submarinos excavados para permitir que sólo atracaran los barcos autorizados.

La otra vía de comunicación de Meninx y, por tanto, de la isla con el continente, era un puente-presa de 7 kilómetros de longitud. Todavía es transitable, tras una reciente restauración.

Interludio judío

En el interior de la isla, encontramos una comunidad judía, que presume de un origen muy antiguo, en el pueblo de **Er-Riadh**. La tradición la sitúa en el siglo VI a.C., cuando un grupo de israelitas que huía de la ciudad de Jerusalén destruida por Nabucodonosor llegó allí. Aquellos fugitivos se llevarían una viga del Templo de Salomón y la incorporarían a su sinagoga.

La narración es ciertamente fascinante, pero deja algunas dudas, teniendo en cuenta ya el uso de la construcción de sinagogas, que sólo encontramos atestiguado a partir del siglo I a.C., es decir, en la época romana.

Yerba bizantina

Después del siglo III d.C., la isla fue brevemente invadida por los vándalos, una tribu de origen germánico que ocupaba las costas norteafricanas.

Tras el fin de la ocupación vándala, Yerba se reintegró al mundo bizantino en Tripolitania y formó parte de él hasta el siglo VII, época de la expansión árabe en el Mediterráneo y de la difusión del Islam.

De la época bizantina se conservan referencias a la ciudad de **Meninx**.

Ésta estaba dotada de una basílica cristiana y quizá su obispo aparezca en las listas de obispos norteafricanos. De hecho, Meninx permaneció habitada hasta el final de la época bizantina, pero su nombre en las fuentes es sustituido, al menos desde el siglo IV, por el de la ciudad de **Girba**. El obispo de esta ciudad aparece en las fuentes cristianas de la época, tanto en noticias como en cartas que contienen su firma.

La confusa situación de los documentos ha

llevado a debatir si Girba es el nuevo nombre de Meninx, o si se trata de un nuevo núcleo de población. Sin embargo, una inscripción encontrada en **Houmt Souk**, que menciona textualmente la "RESPUBLICA GIRBITANA", es decir, *la ciudadanía de Girba*, parece atestiguar la existencia de dos ciudades en la época bizantina, de las cuales Girba era entonces la mayor.

Yerba musulmana

Hacia el año 664 d.C., durante la campaña de conquista árabe, dirigida por un compañero del profeta Mahoma, la isla quedó bajo el control de las fuerzas musulmanas.

La población se resintió de una nueva dominación y se puso del lado de la herejía que se extendía por la costa norteafricana. La isla se convirtió entonces en *kharijita*, como buena parte del Magreb entre los siglos VIII y X. En realidad, Yerba se dividió en dos, marcada por dos corrientes diferentes del cisma *ibadista*: los *wahabitas* en el noroeste y los *nakkaras* en el sureste.

La situación religiosa de la isla aclara la mala reputación que sufre en los escritos árabes ortodoxos.

Mientras tanto, se suceden las invasiones: primero las tropas musulmanas de los Banu Hilal, luego los normandos de Sicilia.

Roger de Lauria, almirante de la flota de Pedro III

de Aragón, hizo construir en 1289 una fortaleza cerca de las ruinas de Meninx: el **Castillo**, hoy **Bourj el-Kastil**.

Los habitantes de la isla siguieron viendo cambiar a los ocupantes y a su vez luchaban por liberarse, incluso con actos de piratería. Durante la sucesión de tropas, el sultán Abu Faris restableció una segunda fortaleza, esta vez en el norte de la isla. El **Bourj el-Kebir** se erigió cerca de las ruinas de la antigua ciudad de Girba, que dio paso a una aldea, más tarde llamada Gran Mercado (*Souk el-Kebir*), hoy **Houmt Souk**.

Intolerantes a los continuos intentos exteriores de acabar con el cisma kharijita, los isleños acabaron cortando el puente romano que los unía al continente.

Piratería

En el siglo XVI, el duelo entre aragoneses y árabes dio paso a la expansión turca. Un claro ejemplo de ello es el castillo de Houmt Souk: construido por el aragonés Roger de Lauria en 1284, fue reforzado en sus defensas por el sultán Abu Faris en 1425 y luego transformado en la actual fortaleza por el gobernante turco Ghazi Mustafà en 1567. c Los españoles no tenían intención de abandonar la isla, por lo que intervinieron los piratas: los hermanos Barbarroja conocían bien la zona y Khereddin fue nombrado almirante de la flota turca. Por ello, Barbarroja confió a su lugarteniente Turgud el control de la costa. Turgud, que en Occidente es conocido como *Dragut*, hizo de Yerba su base.

En 1551, Dragut se apoderó de la isla y la mantuvo en su poder durante unos diez años. Un breve interludio vio el regreso de los Caballeros de Malta con los españoles, pero Dragut recuperó Yerba tras infligir una terrible derrota a los ocupantes europeos.

El pirata murió en 1565 en Malta y la guerra entre turcos y españoles terminó en 1574 con la soberanía final turca sobre la isla.

Pero Yerba no estaba destinada a permanecer tranquila y algunas órdenes militares europeas volvieron a ponerla en su punto de mira: fue entonces cuando las **mezquitas fortificadas** ibadíes intervinieron para defender a la población en caso de ataque. Su característica estructura en forma de fortaleza, con un minarete muy bajo unido al cuerpo de la mezquita, aún puede verse en algunos lugares de la isla.

El cambio de gobernantes hará que la corriente malekita del Islam ortodoxo gane terreno en la isla a expensas de la corriente jariyita.

Colonia todavía

En 1881, el Protectorado francés, tras el Acuerdo

del Bardo, hizo instalar una pequeña guarnición militar en **Bourj el-Kebir**, que permaneció allí hasta 1890. La isla ganó por fin algo de tranquilidad y la población creció. Los habitantes se dividían entre la pesca, el cultivo y la artesanía tradicional.

Yerba y Túnez

En 1956, Túnez obtuvo la independencia y Yerba se convirtió en una mera delegación de la gobernación de Médenine. Lamentablemente, esto no benefició a la isla, que siguió careciendo de importantes servicios.

Así, pronto comenzó un movimiento de emigración que, sin embargo, no borró el vínculo entre los emigrantes y su isla.

Yerba volvió a los titulares en 1976, cuando se rodaron escenas de la famosa película "La guerra de las galaxias" en algunas localizaciones de la isla.

Actualmente se está presentando una solicitud a la UNESCO para la inclusión de esta isla única en la Lista del Patrimonio Mundial.

Mural en Er-Riadh

Visitas a lugares de interés

Los centros urbanos de Yerba

Houmt Souk
Er-Riadh
Guellala

Los yacimientos arqueológicos de la isla

Henchir Bourgou
Meninx
La Ghriba
Bourj el-Kebir
Bourj el-Kastil
Sidi Jmour

A los alrededores, en el continente

Zarzis (Jirjis)
Gigthi

Houmt Souk

Girba

La capital de Yerba es Houmt es-Souk, nombre que significa *Burgo del Mercado*. De hecho, es aquí donde se desarrolla desde hace siglos el mercado de la isla.

Los orígenes del poblado parecen remontarse a la época romana, con una ciudad ya desaparecida llamada **Girba**, que luego dio nombre a la propia isla. Todo lo que queda de la ciudad romana es una inscripción fragmentaria en latín:

«... al triunfante, siempre Augusto, la devota ciudadanía de Girba...».

En el lugar de la ciudad romana quedó en los siglos siguientes un gran pueblo que reunía a la población de la isla a la hora del mercado, hasta el punto de que recibió el nombre de **Souk el-Kebir** (*El Gran Mercado*). El pueblo se caracterizaba por las tiendas de artesanía y los *fondouk* (*fundùq*). Se trata de albergues construidos, siguiendo el modelo de los caravasares árabes, en torno a un patio central y dotados de altos muros y una puerta de entrada; por sus características se asemejan a fortines y podían defenderse fácilmente.

Durante mucho tiempo, el puerto de Houmt Souk acogía barcos que transportaban lana del continente, que luego era procesada por los tejedores de la isla.

Los gobernadores locales vivían en este pueblo e, incluso después de trasladarse al pueblo vecino de Houmt Cédrien, recibían aquí el homenaje de visitantes y dignatarios locales.

El centro histórico de Houmt Souk conserva su estructura desde hace casi dos siglos, y al sur de la ciudad subsiste el barrio judío, llamado *Hara Kebira*, ahora incorporado al casco urbano.

Entre los puntos de interés destaca la **Mezquita de los Turcos** [*Jami'a at-Truk*], adyacente a la plaza del mercado, con siete cúpulas y un minarete cilíndrico, que alberga manuscritos históricos de gran valor para la historia de la isla y representa a la parte ortodoxa de la comunidad musulmana.

Al otro lado de la plaza se encuentra la **parroquia** católica, fundada en 1848 por el padre Gaetano Maria da Ferrara para servir a los habitantes europeos de la época, en su mayoría italianos y malteses.

No muy lejos, a occidente de la iglesia, se encuentra la **Mezquita del Jeque** [*Masjid eš-Šayikh*], lugar de culto de los ibadíes. Las mezquitas ibadíes están cerradas a los visitantes y sólo pueden entrar los fieles.

En los alrededores de la plaza aún se pueden ver *fondouks*, reconvertidos en albergues o lugares turísticos.

La arquitectura **caravasar** también distinguió a la primera comunidad maltesa de Yerba. Sus orígenes se remontan a 1822 con un constructor,

Alexandre Grima, que llegó aquí por casualidad mientras navegaba de Libia a Europa. La comunidad maltesa se formó rápidamente y unos cien años después era el mayor grupo europeo de la isla. A los malteses también se les atribuye el desmantelamiento de la torre *Bourj Rious* y la ayuda en la construcción de la iglesia católica de San José. Se dice de los malteses de Yerba que eran gente trabajadora y pacífica, quizá demasiado impresionables por las leyendas locales sobre orcos y fantasmas. A diferencia de sus compatriotas, hablaban bien francés, además de árabe, pero no sabían inglés.

Justo al sur de la plaza del mercado se encuentra el **Mercado Cubierto**, dividido por las calles que lo atraviesan en cuatro partes, que ya conocemos por los informes de los visitantes europeos del siglo XIX.

No lejos del centro, se puede visitar el Museo del Patrimonio Tradicional de Gerba, cuyas salas muestran la artesanía tradicional y las costumbres populares de la isla.

Saliendo del centro de la ciudad, en dirección al puerto, se llega a una pequeña iglesia griega dedicada a **San Nicolás**, patrón de marineros y pescadores. Sus orígenes se remontan a un comerciante griego, Sakellaris Kindynis, que se instaló en la isla en 1895. La abundancia de esponjas en los mares tunecinos y el clima agradable convencieron a varios marineros y comerciantes griegos para quedarse en la zona.

Unos diez años más tarde, la familia Kindynis ofreció el terreno, cerca del puerto, para construir una iglesia al servicio de la comunidad ortodoxa griega. Con la partida de los marineros griegos, la iglesia de san Nicolás quedó como capilla familiar testigo de una de las comunidades extranjeras conquistadas por Yerba.

En la costa, al norte de Houmt Souk, se encuentra el **puerto**, que ahora se utiliza principalmente para la navegación turística, pero que en siglos pasados fue un centro de pescadores, numerosos por la gran cantidad de pescado que ofrecían las aguas de esta bahía. Hoy en día, hay aquí muchos establecimientos, como pizzerías, heladerías y bares.

En el puerto están amarrados *barcos piratas* que llevan a turistas y familias a la Isla de los Flamencos, una pequeña península que se extiende por la costa al este del puerto y se une a la isla justo antes de la entrada a la zona turística del noroeste.

A poca distancia del puerto, cerca de la iglesia de San Nicolás, estaba el **cementerio católico**, donde se enterraba a los europeos. También merece una mención por haber albergado las cabezas de los españoles derrotados en 1560 por el pachá Dragut. En aquella ocasión, el famoso pirata había reconquistado Yerba y masacrado a un gran número de españoles; con sus cráneos se construyó una torre, llamada **Bourj Rious**, o *Torre de las*

Cabezas, a poca distancia de Houmt Souk. Posteriormente, la torre fue demolida por orden del gobierno tunecino en torno a 1850 y los cráneos enterrados en el cementerio católico.

El cementerio se desmanteló en 1996 y los restos se trasladaron al nuevo **Cementerio Municipal Multiconfesional**, que se encuentra en la carretera del aeropuerto, a unos 2 kilómetros de San Nicolás.

Castellum o Bourj el-Kebir

A oriente del puerto, se puede visitar el **Bourj Ghazi Moustafa** (*Fuerte de Mustafa Ghazi*).

La actual fortaleza turca tiene su origen en la dominación aragonesa, cuando Ruggiero di Lauria mandó construir una fortaleza (*Castellum*) para defender la costa septentrional. Esto ocurrió en 1284, pero recientes excavaciones arqueológicas han revelado que los cimientos descansaban sobre una base de origen romano. El **Fuerte Aragonés** era más pequeño que el actual (40 metros de lado) y se encuentra en su interior. El foso actual ya formaba parte de ese castillo y se utilizaba para que los barcos entraran con seguridad.

En el siglo XIV, la fortaleza se convirtió en ciudadela para albergar al gobernador local y fue reforzada en 1425 por Abu Faris para resistir los ataques de Alfonso V.

En el siglo XVI, Dragut hizo construir en el exterior del fuerte una gran cisterna para recoger el agua de lluvia y en su interior una mezquita con un minarete cilíndrico, que ya no existe.

Los turcos, tras perder y recuperar la fortaleza, decidieron en 1567 restaurarla y dotarla de una guarnición de jenízaros. El gobernador era entonces Ghazi Moustafa y la fortaleza recibió su nombre. No lejos del fuerte construyeron la ya mencionada Torre de las Cabezas con los cráneos de los españoles derrotados siete años antes.

El otro nombre utilizado para el castillo de Houmt Souk es **Bourj el-Kebir** (*El Gran Fuerte*).

Bourj el-Kebir (entrada y lateral hacia el mar)

El Museo de Bourj el-Kebir

La fortaleza se utiliza ahora como museo, ofreciendo la oportunidad de observar la evolución de este castillo marítimo. En el interior, los patios se utilizan como lugar de exposición de numerosos objetos que han salido a la luz en la isla, no sólo en este yacimiento.

Una sala a la entrada del fuerte no sólo sirve para protegerse del sol, sino que también ofrece a los visitantes una serie de tableros que relatan brevemente la historia de Yerba, sus fortalezas y Bourj el-Kebir.

El *Musee du Patrimoine Traditionnel de Djerba*

En el Houmt Souk, avanzando desde el mercado hacia el este, se puede visitar el Museo del Patrimonio Tradicional de Yerba. El edificio está precedido por un jardín "arqueológico", en el que se exponen algunos hallazgos, estatuas y troncos de columnas.

En el interior, los espacios están divididos para presentar temáticamente las cuatro áreas de trabajo de la isla: agricultura, pesca, cerámica, tejido. A ellas se añade la tradicional Cámara Nupcial. Todo va precedido de una sala introductoria, que sitúa al visitante geográfica e históricamente.

El *Lalla Hadria Museum* y alrededores

En la zona turística de Midoun, a unos veinte kilómetros de Houmt Souk, se encuentra el *Parc Djerba Explore*, dentro del cual hay varias instalaciones. Dos de ellos merecen atención desde el punto de vista cultural: el *Lalla Hadria Museum* y l'*Héritage*.

El museo está dedicado al arte islámico e incluye varias zonas dedicadas a la caligrafía, el tejido, la cerámica y la joyería. Dos secciones tratan del arte islámico en general, desde la cuenca mediterránea hasta Extremo Oriente, y del arte en Túnez. Las colecciones aquí reunidas comprenden unas mil piezas, recogidas en todo el mundo.

Junto al museo hay una reconstrucción de un *menzel* típico, es decir, una finca cerrada que albergaba no sólo la vivienda, sino también instalaciones de producción agrícola y artesanal.

Se puede visitar la casa de dos plantas, llamada *houch* en la lengua local, dividida en cocina, dormitorios y salas de estar, construida con un patio central y una estructura exterior similar a una fortaleza. En el exterior, el espacio abierto cultivado está ocupado en parte por palmeras, que protegen del sol a los árboles frutales, que a su vez protegen los parterres de hortalizas.

En el recinto del *menzel* se puede visitar la almazara, con sus máquinas de prensado de aceite y almacenes con ánforas, el taller de producción de alfarería y cerámica y su almacén y, por último, el taller textil, con ruecas y telares para hilar y tejer lana.

Al lado, se puede visitar un parque poblado por cocodrilos del Nilo, que fueron traídos aquí en pequeñas cantidades y luego se multiplicaron enormemente.

Pozo de un *menzel*

Sidi Jmour

No lejos del aeropuerto de Djerba-Zarzis, merece la pena visitar una tranquila bahía que combina la belleza natural con un elemento típico de la tradición ibadí local: Sidi Jmour.

En un pequeño promontorio junto al mar hay una mezquita blanca que da nombre a la localidad. La mezquita de Sidi Jmour conserva en su nombre el recuerdo de una personalidad del pasado, un *morabito*, cuya tumba es objeto de veneración y forma parte del edificio.

En el Magreb había personas veneradas por su conducta ejemplar, hasta el punto de ser consideradas "santas" ya en vida, capaces incluso de realizar milagros. En la isla de Yerba, ocurría que algunos de estos personajes vivían cerca de la playa y avisaban a la población en caso de agresión por parte del mar. Probablemente, el hecho de que los centinelas fronterizos en árabe recibieran el nombre de *murâbit* dio lugar a la definición de *morabito* para los consejeros espirituales de la comunidad ibadí de la isla.

En su lugar, el título de honor era *sidi*, término que permanece en el nombre de varias localidades e indica así el lugar de enterramiento de un "santo" local.

La mezquita

La mezquita de Sidi Jmour es especialmente significativa porque presenta rasgos típicos de la arquitectura Yerbita ibadí.

Según la tradición, la isla contaba con 365 mezquitas, una para cada día del año, aunque un censo de 1941 enumeraba " únicamente" 288. Dos de ellas, la de Sidi Yeti y la de Sidi Jmour, siguen cumpliendo su función de vigías contra las llegadas indeseadas del mar.

El servicio de guardia requería altos muros con función defensiva: la población podía refugiarse en caso de ataque y desde el minarete podían enviarse señales al resto del territorio.

La estructura de las mezquitas de Yerba obliga a cubrir los muros con una gruesa capa de cal, que preserva las paredes de la erosión por la arena y el agua de lluvia. Su interior consta de una sala de oración cuadrada, muy sencilla para respetar la religiosidad ibadí, opuesta a la pompa y la ostentación. Hay cisternas para recoger el agua de lluvia y habitaciones para alojar a la escuela o a los peregrinos. A veces también hay una cocina para las comidas de los estudiantes.

Entre los anexos de la mezquita hay baños para abluciones rituales, abastecidos con agua salobre. A menudo, el patio está flanqueado por un pórtico, casi siempre de tres arcos, que sirve de sala de oración estival.

Una característica muy poco común de Sidi Jmour es el alminar: situado en una esquina del edificio y de forma cónica, que apenas se distingue del resto del edificio.

Mezquita de Sidi Jmour

La Mezquita LUTA de Sedouikech

Entre las mezquitas ibadíes de Yerba, destacan las mezquitas subterráneas (*lûṭa*), que probablemente se remontan a los orígenes de la fe islámica en la isla.

La sala de oración está construida bajo tierra y desde el exterior sólo se ve la escalera de entrada, que desciende a una pequeña sala de culto. El minarete se eleva aislado del suelo y una especie de nicho (*mihrab*) apenas sobresale del suelo.

La costumbre de construir mezquitas subterráneas puede yuxtaponerse a los edificios destinados a la producción textil y de aceite, comúnmente enterrados para proteger a sus ocupantes del calor estival.

Er-Riadh

La comunidad hebrea, los murales

A unos 7 kilómetros al sur de Houmt Souk hay un pueblo llamado Er-Riadh, hogar de una pequeña comunidad israelí. El nombre del barrio, *Hara Sjira* (Barrio Pequeño), indica la comunidad original y la distingue del grupo que se cree que procede de España, presente en el barrio *Hara Kebira* (Barrio Grande) de la capital.

En la actualidad, Er-Riadh alberga un auténtico museo al aire libre de murales. Paseando por las calles del centro, se pueden admirar *murales* creados en 2014 por un centenar de artistas de 30 naciones, fruto del proyecto *Djerbahood*.

La Ghriba

El centro religioso de la comunidad hebraica es la sinagoga conocida como la *Ghriba* (es decir, la Extranjera).

Los orígenes de la Ghriba y de la comunidad judía son misteriosos y se ocultan tras relatos legendarios transmitidos localmente.
Se dice que tras la destrucción del Templo de Salomón en 586 a.C. por el gobernante babilonio

Nabucodonosor, un grupo de judíos huyó de Jerusalén llevándose una viga del santuario. Su viaje continuaría a través de Egipto hasta la tierra de los libios y de allí a Yerba. Una vez desembarcados en la isla, elegirían vivir allí, en el interior, y fundar una sinagoga, la Ghriba. La famosa viga seguiría presente en sus cimientos.

Durante la fiesta anual de la comunidad, se traen huevos que se depositan en un espacio al fondo de la sinagoga y luego se vuelven a sacar como signo de buena suerte y protección celestial. Acompaña a esta costumbre la creencia de que se cumple la petición de un hijo para las parejas estériles o de un buen matrimonio para las muchachas.

De hecho, la sinagoga actual muestra al menos dos fases de construcción y una antigüedad mucho menor de la que narra la tradición.
La comunidad judía local tiene el árabe como lengua, como todos los judíos del norte de África. Las celebraciones liturgicas, sin embargo, se realizan regularmente en hebreo, como atestiguan las inscripciones del interior de la propia sinagoga.

Otra peculiaridad de la sinagoga es el candelabro, la *Menorah*, que a diferencia de los que pueden verse en otras sinagogas no tiene la típica forma de árbol. De hecho, su aspecto es el de una torre hexagonal de cinco pisos, dispuesta en forma de pirámide.

Interior de la Ghriba

Henchir Bourgou, Souk el-Guebli

El mausoleo púnico

A unos 12 kilómetros de Houmt Souk, en dirección a Midoun, se encuentran unas ruinas de las que ya tomaron nota los viajeros del siglo XIX. Guérin dice que el nombre del lugar era **Borgo**, pero que también se llamaba **Nasaft**.

Las excavaciones realizadas a principios del 900 sacaron a la luz una ciudad y un imponente mausoleo al sur de la misma. Los estudios del yacimiento han datado el nacimiento de la ciudad en el siglo III a.C. y, por tanto, en época púnica.

El asentamiento tenía un radio de aproximadamente un kilómetro, pero debía de llegar hasta el mar, a unos tres kilómetros, donde muy probablemente se encontraba el puerto.

El yacimiento arqueológico

El monumento más significativo es un mausoleo cuya base mide unos 10 metros de diámetro. La estructura está muy dañada, pero conserva una tumba subterránea de tipo púnico. La cámara subterránea, de forma rectangular, es accesible desde la fachada oeste a través de un pasillo y una pequeña antecámara.

El monumento exterior es hexagonal, con

alternancia de caras lineales y cóncavas, y tiene unos pocos metros de altura. Su estructura es muy similar a la del Túmulo B de Sabratha, en Libia. Por tanto, cabe suponer que terminaba con una estela de la misma forma, concluida por una cúspide piramidal, y que pertenece al mismo siglo (III a.C.). Su origen es ciertamente púnico y el modelo es bastante raro.

El poblado parece haber estado ocupado al menos hasta el siglo IV d.C.

Las tumbas subterráneas

Hay dos necrópolis púnicas en la isla, una en Souk el-Guebli y otra en Ghizen, la primera al sur, cerca del puente de El-Kantara, y la segunda al norte, a poca distancia de Houmt Souk.

Las tumbas presentan la clásica estructura púnica, con escalera de acceso, vestíbulo y cámara funeraria, que puede ser doble. Las decoraciones en ocre rojo apenas son visibles, debido a los efectos de la humedad.

Los dos yacimientos aún no se han estudiado sistemáticamente y, por desgracia, han sufrido los daños infligidos por los profanadores de tumbas.

Mausoleo púnico de
Sabratha,
Libia

Mausoleo púnico de
Henchir Bourgou

Meninx

La capital desaparecida

Al sureste de la isla se encuentran los restos de una importante ciudad, ya vista por los viajeros en los últimos siglos. Su ubicación y el puente que aún la une a tierra firme no dejan lugar a dudas: debe de tratarse de Meninx, la ciudad que dio nombre a la isla hasta el siglo III d.C.

Las excavaciones en curso están sacando a la luz un gran asentamiento con un posible puerto, al que sólo podían acceder los barcos autorizados.

Meninx se fundó quizás en el siglo IV a.C. y alcanzó su máximo esplendor entre los siglos I y III d.C. No fue hasta el siglo VII cuando la ciudad cayó en ruinas y parte del material de construcción acabó en viviendas del resto de la isla. Victor Guérin (1862) cuenta que la villa de Caïd, en Houmt Cédrien, había sido construida con piedras procedentes del yacimiento de Meninx y que los británicos también se habían llevado allí algunos restos. No fue hasta 1881 cuando comenzaron las primeras excavaciones, que continuaron en 1942 y se reanudaron en 1996. Las nuevas tecnologías han permitido identificar las estructuras que aún yacen bajo la arena.

Meninx

El nombre de la ciudad parece ser de origen púnico y no bereber. Lo más probable es que el nombre *Meninx*, que ha llegado hasta nosotros, sea un error de pronunciación favorecido por el significado de "membrana" del equivalente griego y latino.

La gran cantidad de conchas de **murex** encontradas a lo largo de la playa y en el yacimiento nos recuerda que la ciudad se había hecho famosa por su púrpura. Plinio el Viejo, en su *Historia Natural* (Libro IX, 125 ss.), escribe sobre el interés de los romanos por los tejidos teñidos de púrpura. Los personajes más importantes, leemos, desde los orígenes de Roma apreciaban la púrpura y gastaban mucho dinero en adquirir telas de ese color. A propósito, (IX, 127) Plinio nos informa de que la mejor púrpura africana procedía de Meninx, precedida sólo por la púrpura asiática de Tiro.

A partir de las últimas excavaciones, podemos intentar una descripción de la evolución de la ciudad.

En el siglo I d.C., la zona costera muestra signos de expansión y la construcción de **talleres** artesanales permite identificar el trabajo de la púrpura y la producción de ánforas como las principales actividades de la ciudad.

En el segundo siglo, la ciudad era lo bastante importante como para verla dotada de una gran

basílica en el foro y numerosos templos. La actividad constructora, ahora con mármol importado del continente, continuó en el siglo III con la construcción de un **teatro**, unas termas al norte y un anfiteatro. Entre estos dos siglos podemos situar la construcción de la imponente presa para sostener una calzada pavimentada hasta tierra firme.

La llegada del cristianismo provocó la construcción de una nueva basílica, esta vez religiosa, de la que se encontró el **baptisterio** en forma de cruz griega, hoy expuesto en el **Museo del Bardo** de Túnez.

En los dos siglos siguientes, la producción de púrpura continuó y absorbió los recursos de la ciudad, terminando en el siglo VII con su abandono.

El yacimiento arqueológico

En la actualidad, una visita al yacimiento permite contemplar los restos de algunos de los edificios romanos.

Al llegar al yacimiento, nos encontramos con el nuevo **edificio del vigilante**, en el que se exponen paneles que resumen la situación del yacimiento y las excavaciones.

Al entrar en la zona arqueológica, se puede observar una **plataforma** situada en el centro con otros paneles que permiten localizar los puntos más significativos de las excavaciones.

Entre la plataforma y el mar estaba el **Mercado**

y a su derecha los Almacenes.

Siguiendo hacia el norte a lo largo de la costa, se encuentra primero el **Foro**, con los restos de la Basílica Civil, luego un complejo de Cisternas y más adelante el Teatro. Siguiendo por la costa se llega a la Basílica Oriental.

Volviendo a la entrada del yacimiento y continuando hacia el interior, por el otro lado del Foro, se encuentran los restos del anfiteatro y, junto a la carretera de Guellala, las ruinas de la **Basílica** cristiana. Entre la basílica y el anfiteatro se encuentran los restos de un acueducto, mientras que al norte de la basílica hay **tumbas romanas** excavadas en la roca.

Queda una pregunta: ¿el puerto?

Por los últimos hallazgos arqueológicos, se sabe que había un canal paralelo a la línea de costa, suficiente para que los barcos se acercaran a unos 400 metros de la playa actual. Es de suponer que el puerto fuera artificial, de piedra de construcción, o que tal vez por alguna razón la estructura de la costa cambiara ligeramente en los siglos posteriores a la vida de la ciudad de Meninx.

Meninx - hallazgo arquelógico y tumba romana

Meninx, el yacimiento

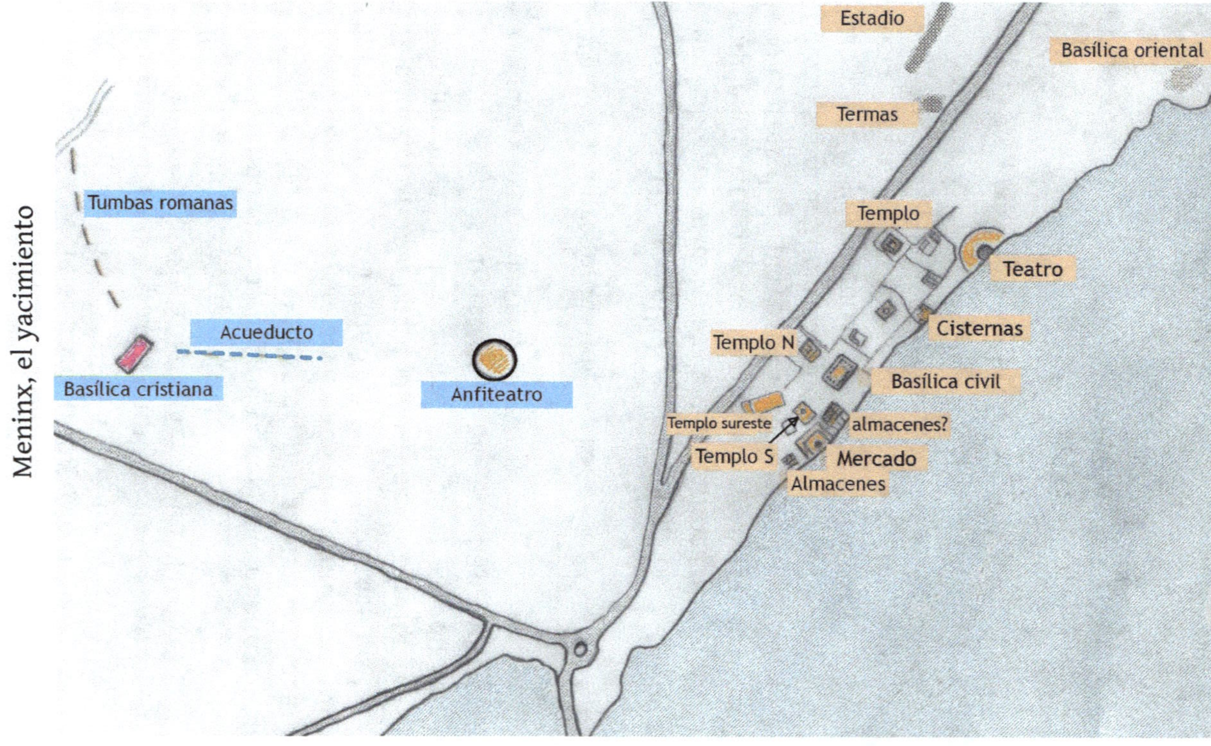

Bourj El-Kastil

En 1284, los aragoneses liderados por Ruggiero di Lauria conquistaron la isla y en 1289 construyeron el Fuerte (*Castellum*) en la pequeña isla conocida como **Bin El-Ouediane**. Al ser una fortaleza estratégica, fue reutilizada por los gobernantes hafsíes en 1337 y restaurada por Dragut en 1551. Éste la reforzó con nuevas fortificaciones y la destinó a la defensa del puente de El-Kantara. Algunas fuentes históricas sugieren que Alfonso V de Aragón, probablemente, reconstruyó y utilizó el castillo en 1432.

El pachá Hamouda llevó a cabo una última restauración en el siglo XVII y la fortaleza fue abandonada posteriormente.

Algunas partes de las murallas y fortificaciones circundantes siguen en pie. El lugar puede visitarse en horarios determinados por la marea, ya que la pequeña isla sólo está unida a Yerba por una franja de tierra en marea baja.

Guellala

Los habitantes y la terracota

Durante mucho tiempo, los habitantes de Yerba fueron casi exclusivamente de etnia bereber, o *amazigh*, término que identifica al mayor grupo de comunidades bereberes del Magreb.

La lengua de la isla es una variante del dialecto *tamazight*, el *yerbi*, y es cada vez más limitada, sobre todo en la zona de Guellala, en el sur. Al ser una auténtica "reliquia lingüística", ha sido estudiada por expertos en lenguas norteafricanas.

La descripción de la población que hacen los visitantes y también los inspectores del gobierno francés es muy halagadora. Se dice que la gente de la isla es pacífica y acogedora y se destaca la sobriedad y laboriosidad de los isleños.

Entre las ocupaciones de los lugareños, una en particular ha permanecido vinculada a la propia región meridional, en parte debido a las características del suelo: la producción de vasijas de terracota.

Viajando hacia el noroeste desde el puente de El-Kantara, se llega a la meseta de Yerba. Sin embargo, hay que tener en cuenta que ¡la mayor altitud de la isla es de sólo 53 metros sobre el nivel del mar! A pesar de la modesta elevación, en días claros se tiene la oportunidad de observar la costa continental y buena parte del territorio yerbino.

La ciudad que ocupa el mirador de la costa africana es **Guellala**. Su nombre procede de la palabra árabe *qelal*, plural de *qola*, que significa jarra. La pronunciación generalizada de la *qaf* árabe como *g* hizo el resto.

Los viajeros de antaño ya observaban que, al llegar a la ciudad, era habitual encontrarse con grandes cantidades de jarrones apilados a lo largo de la carretera. El terreno ofrecía aberturas naturales en el suelo que los habitantes utilizaban como talleres para la producción de **terracotas**.

El suelo circundante es rico en arcilla y proporciona el material para la producción, mientras que el agua de mar da al producto su color claro.

En cuanto a la historia, ya Charles Tissot (*Géographie comparée de la Province romaine d'Afrique*, 1884) señala que en la Tabla de Peutinger, *Haribus* se menciona entre las ciudades de la antigua Yerba. Hace corresponder el término a un derivado de Hares, es decir, a la transcripción de la palabra semítica *ḥereś*. La raíz semítica indica el trabajo de la tierra, la arcilla y la terracota, por lo que tendríamos una correspondencia entre el nombre latinizado Haribus y el moderno Guellala y, en consecuencia, podríamos datar el lugar tal vez en el siglo IV d.C.

El Museo de Guellala

El Museo de Guellala ocupa una envidiable posición panorámica y permite a los visitantes contemplar reconstrucciones a tamaño real de escenas de la tradición *amazigh* de la isla.

Se pueden observar las costumbres relacionadas con el matrimonio, la vida familiar y el trabajo, todo ello en un edificio blanco que reproduce la arquitectura típica de la isla.

La habitación de la suegra...

Zarzis (Jirjis)

Un puerto antiguo y una ciudad moderna

Una corta distancia separa las excavaciones de Meninx del puente de El-Kantara (en árabe: El Puente). Merece la pena recorrer esta carretera trazada sobre los restos del antiguo puente romano que unía la isla con el continente, tanto para observar una pequeña obra maestra de la arquitectura marítima como para visitar una ciudad que se alza sobre el emplazamiento de un antiguo puerto comercial.

La ciudad de Zarzis, que aparece en el nombre del aeropuerto de Yerba, es heredera de la ciudad de Gergis registrada en cartografías antiguas (el Stadiasm menciona la *Torre de Gergis*). Su ubicación la convirtió en un nudo de comunicaciones entre el Mediterráneo y el Sáhara, que la unía a las principales aglomeraciones urbanas del interior.

Testimonios de la antigua ciudad son las ruinas del **puerto** (antiguo puerto de *Errssifet*), los restos de las vías de conexión con *Zita* (hoy: Zian) y los demás puertos, y los hornos de cocción de ánforas.

La moderna ciudad de Zarzis es un centro turístico con establecimientos de baño y se parece muy poco al pueblo pesquero y olivarero en que se había convertido en siglos pasados.

Para remediar la pérdida de estos recuerdos, la **antigua iglesia católica**, fundada en 1920 por el padre Gabriel Deshay y posteriormente abandonada, ha sido convertida en **museo**. Así pues, en el pequeño edificio del museo se han recogido testimonios de las actividades tradicionales de Zarzis, así como pruebas arqueológicas de la zona.

El museo de Zarzis

La pequeña iglesia se ha aprovechado para crear un recorrido histórico arqueológico que permite al visitante moverse en dos niveles.

Empezando por la derecha, se encuentran los restos arqueológicos púnicos y dos zonas dedicadas a las antiguas ciudades de Gigthi (actual Bou-Ghrara) y Zita, respectivamente. En Zita, destacan los restos del *tophet*, lugar sagrado de enterramiento de la civilización púnica.

El segundo nivel es el de la tradición y presenta tres espacios dedicados al olivo, la pesca y el comercio, respectivamente. Aquí se pueden ver las herramientas típicas de la agricultura y la producción de aceite, artes de pesca y algunos de los tesoros del mar (el murex), ánforas y vasos utilizados para el transporte y el procesamiento de mercancías.

Gigthi

La ciudad púnica y romana

Dentro de la **Pequeña Sirte**, protegida por la presencia de la isla de Yerba, surgió en época púnica una ciudad con **puerto comercial**, una de las muchas *emporia* que surcaban el litoral cartaginés y servían de puestos avanzados de comunicación con el interior del norte de África.

Las fuentes antiguas nos dan su nombre de diversas formas: *Egichtos*, luego *Gichti* según Ptolomeo, *Gigti* en la Tabula Peutingeriana, *Giti* en el Itinerario Antonino. En una inscripción hallada en el yacimiento, su población se denomina *Gigthenses*.

Su historia cambió por primera vez con la conquista de Massinissa y su anexión al reino de Numidia hacia el año 200 a.C. Unos 150 años más tarde, la ciudad cayó bajo dominio romano con Julio César y pasó a formar parte de *Africa Nova*.

Con Augusto, la provincia tomó el nombre de África Proconsular y una revuelta de las tribus del interior arrebató temporalmente Gigthi al imperio. Una vez reconquistada, la ciudad aprovechó la paz augustea y aumentó su importancia en la región.

A partir del siglo II d.C., vemos crecer el núcleo

urbano y con el estatuto de **municipio**, concedido por Antonino Pío, la población aumenta y la situación económica mejora considerablemente. Hasta el siglo IV, Gigthi fue una de las ciudades más importantes de la región y la calzada que la conectaba con Cartago y Libia fue reconstruida tres veces.

A principios del siglo V, la ciudad fue sede de una **cátedra** episcopal representada en el Concilio de Cartago de 411.

El yacimiento arqueológico

Las excavaciones de la ciudad ocupan una zona muy extensa (más de 50 hectáreas), delimitada al norte por una fortaleza bizantina y una necrópolis muy probablemente de época púnica, mientras que al sur se encuentra una zona cubierta por las villas costeras y, un poco hacia el interior, el templo de Mercurio. Estos restos se encuentran a cierta distancia del yacimiento excavado y expuesto, que abarca más bien el centro de Gigthi.

Al entrar en el recinto, nos encontramos con unas **termas** equipadas con un gimnasio. Continuando, se llega al **Foro**, rodeado en tres de sus lados por un pórtico y cerrado al oeste por el **Capitolio**, al que se accede desde el lado oriental por una escalera monumental. Cerca se encuentran varios **templos**: el del dios del vino, el

Liber Pater, los de Hércules, la diosa Concordia y el de Apolo.

El pórtico conduce a la **Basílica** de tres naves paralelas con la tribuna al fondo. Siguiendo hacia el este, se encuentra el templo de **Esculapio**, dios de la medicina. La presencia de escorpiones y serpientes podría justificar la ubicación de este pequeño templo a poca distancia de la playa. Más adelante se llega al **antiguo puerto**, donde había un templo probablemente dedicado a Augusto.

Al **sur** del Foro, empezando por el oeste, se encuentran la *Statio* (hotel), el *Macellum* (mercado) y las *insulae* (viviendas).

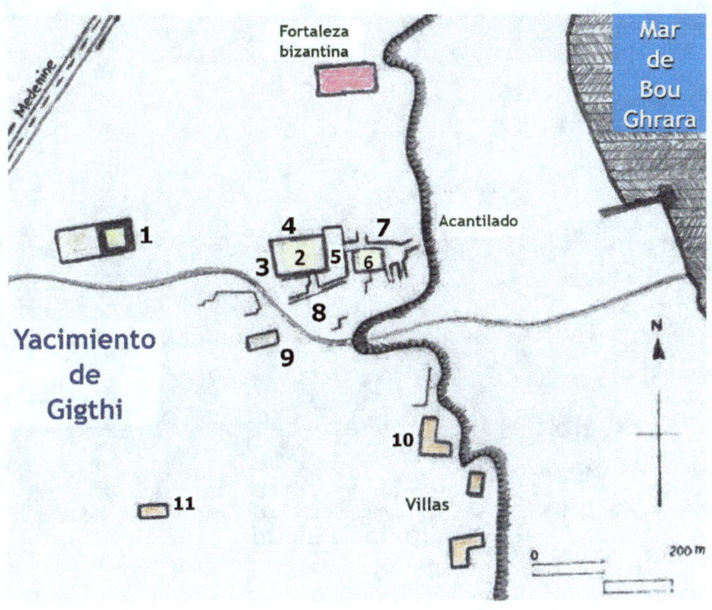

1 - Termas occidentales
2 - Foro
3 – Parte Oeste del Foro
4 – Parte Norte del Foro
5 - Parte Este del Foro
6 - Templo mayor
7 - Pórtico y templo de Esculapio
8 - Termas centrales
9 - Mercado
10 - Grandes villas del sur
11 - Templo de Mercurio

Capitolio de Gigthi

Dedicatoria con el nombre de la población

Indice generale

Houmt Souk
Ghizen
H. Cédrien
Sidi Jmour
Er-Riadh
Ghriba
Park Djerba Explo
H. Bourgou
Midoun
Aghir
Ajim
Guellala
Sedouikech
S. el-Guebli
Meninx
Bourj el-Kastil
Yerba:
la isla
y el
continente
Sidi Jmour
Houmt Souk
Ghizen
H. Cédrien
Er-Riadh
Ghriba
Park Djerba Explore
H. Bourgou
Midoun
Aghir
Ajim
Guellala
Sedouikech
S. el-Guebli
Meninx
Bourj el-Kastil
Gigthi
Zarzis

Isla de los flamencos
El mar de
Houmt Souk
Puerto turístico
Houmt Souk

El puerto de
Houmt Souk
El puerto turistico
Bourj
el-Kebir
+ st. Nicholas
RR 109 طج
Musée du
Patrimoine
Traditionnel
st. Joseph
Rue Karama
RR 109 طج
Souk Erbaa
Rue Ezzlitni
1956
P
P

Houmt Souk - el centro de la ciudad

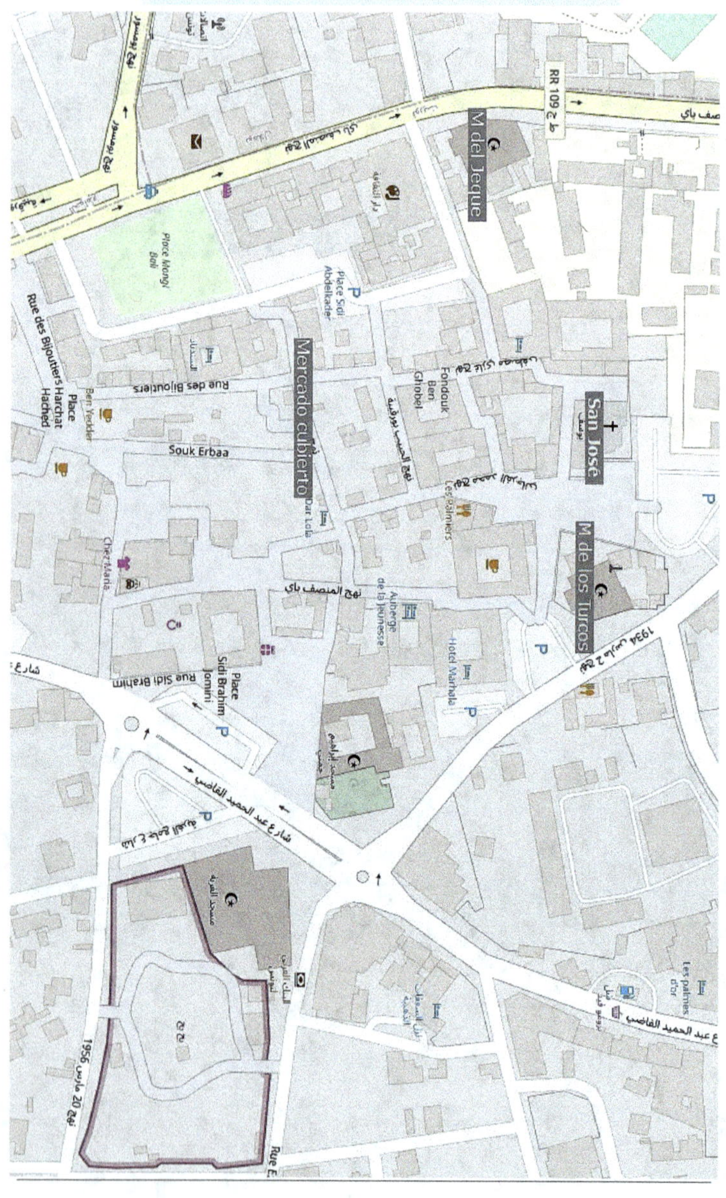

Comentarios al margen del viaje

Referencias

La colección de materiales, fotografías y traducciones son de los autores Matteo Lando, Silvia Costa y Marco Gambarino. Los amigos de Yerba nos han permitido conocer muchos detalles que no son de dominio común. Les agradecemos sinceramente su contribución.

Pedimos disculpas por los errores y estaremos encantados de corregirlos si los informa a la iglesia de Houmt Souk en Yerba.

> Los mapas en el apéndice están tomados de:
> OpenStreetMap®
> con licencia CC BY-SA por:
> © OpenStreetMap contributors